Les voitures publiques dans la ville de Paris

1867

MAXIME DU CAMP

TABLE DES MATIÈRES

LES VOITURES PUBLIQUES DANS LA VILLE DE PARIS

Paris est après Londres la ville du monde où l'on emploie le plus de voitures, aussi les fiacres et les omnibus sont-ils devenus une sorte de service public qui a son importance sociale, comme les postes et les télégraphes. Chacun en use, et le matin il n'est pas rare de voir quatre maçons, installés dans un fiacre sur lequel les auges sont déposées avec les truelles, se rendre à leur chantier. A cette vue que penseraient les entrepreneurs des carrosses à cinq sols qui, dans leurs placards de mai 1662, avaient soin de dire : On fait aussi sçavoir que par l'arrêt de vérification du parlement défenses sont faites à tous soldats, pages, laquais et tous autres gens de livrée, manœuvres et gens de bras, d'y entrer pour la plus grande commodité et liberté des bourgeois. Aujourd'hui il n'y a pas de coin de rue, de carrefours, de quais et de boulevards où l'on ne trouve des coupés, des calèches, des fiacres et des omnibus ; le nombre s'en accroît chaque jour, et grâce au décret du 23 mai 1866, qui reconnaît la liberté illimitée en pareille matière, le chiffre des voitures de louage ne fera qu'augmenter encore ; Cela est fort bien fait ; mais un tel état de choses n'a pas été improvisé, car voilà deux cent vingt-sept ans que le premier fiacre s'est montré a Paris.

Au commencement du XVIIe siècle, il n'existait qu'une seule entreprise dechaises à bras qu'on pouvait louer ; elle avait été créée en 1617. Les porteurs savaient faire payer les cliens récalcitrans, on peut à ce sujet consulter les Précieuses ridicules. Ce fut en 1640 qu'un certain Nicolas Sauvage, facteur des maîtres de coches d'Amiens, imagina d'établir des carrosses qui, toujours attelés et stationnant dans des quartiers désignés, se tiendraient à la disposition du public. Ces voitures furent appelées fiacres. Est-ce parce que Sauvage habitait rue Saint-Martin, en face de la rue de

Montmorency, une maison qui avait pour enseigne l'image de saint Fiacre ? Est-ce parce que vers cette époque un moine des Petits-Pères, nommé Fiacre, mourut en odeur de sainteté, et qu'on mit son portrait dans les nouvelles voitures pour les protéger contre les accidens ? Je ne sais, mais ce nom, qui n'a aucune raison d'être apparente, a prévalu malgré tous les efforts qu'on a faits à diverses reprises pour le changer en celui d'urbaines et de lutéciennes.

Il faut croire que la spéculation n'était pas mauvaise, car immédiatement les personnages qui avaient l'oreille des ministres ou du roi sollicitèrent et obtinrent de nouveaux privilèges. Le nombre des voitures augmenta dans une si grande proportion qu'une ordonnance de 1703 en prescrivit le numérotage, afin qu'il fût facile de les reconnaître et de désigner au lieutenant de police les cochers dont on avait à se plaindre. Dès 1688, un règlement avait déterminé quelles stations les fiacres devaient occuper, et une ordonnance du 20 janvier 1696 avait fixé le tarif : 25 sous pour la première heure et 20 sous pour les suivantes. En 1753, il existe à Paris 28 places de fiacres, et 60 entrepreneurs de carrosses de remise possédant environ 170 voitures. Vous aurez, dit Mercier, vingt-cinq ans plus tard - un équipage, des chevaux et un cocher, fouet et bride en main, pour trente sols par heure.

On vécut sous le régime du privilège jusque la révolution française. Le 24 novembre 1790, l'exploitation des voitures de louage devint libre, et les sieurs Perreau, qui possédaient l'entreprise exclusive, furent indemnisés de la perte de leur privilège par une somme de 420,000 livres. Le 9 vendémiaire an V (30 septembre 1797), le fisc établit une taxe régulière et annuelle de 50 à 75 fr. survies véhicules publics, selon leur importance. Le 11 vendémiaire an IX (3 octobre 1800), le tarif est modifié ; on paie 1 franc 50 centimes la course et 2 francs l'heure ; c'est à bien peu de chose près celui qui est encore en vigueur. Vers 1800 apparurent les premiers cabriolets de place, si bien nommés, car sur les pavés ils dansaient comme des chèvres. Jusqu'en 1817, les loueurs et les entrepreneurs avaient pleine liberté d'action sous le contrôle de la police, qui surveillait, réprimandait et au besoin punissait les cochers. A cette époque, la préfecture de police devient souveraine maîtresse ; elle seule a droit d'accorder des autorisations pour l'exploitation, le remisage, le stationnement des voitures ; chaque fiacre est frappé d'une taxe annuelle de 150 francs au profit de la caisse municipale ; cet impôt est porté à 215 francs pour les cabriolets ; à ce moment, Paris possède 1,390 voitures de place (900 fiacres, 490 cabriolets).

De 1790 à 1822, il n'existait pas réellement de voitures de remise qu'on pût prendre à la course ou à l'heure ; en 1822 seulement, 100 cabriolets de régie furent créés ; après 1830, ces derniers jouirent d'une liberté sans limite, purent multiplier à l'infini, à cette condition expresse cependant de ne pouvoir jamais stationner sur la voie publique lorsqu'ils n'étaient pas loués.

Sous le gouvernement de juillet, la police, toujours active et prévoyante, apporta de sérieuses améliorations à l'organisation des voitures de place, et prit différentes mesures qui lui permirent de protéger la population contre les prétentions souvent excessives et même contre la brutalité des cochers. En 1830, toute personne qui prend un fiacre a le droit d'exiger que le cocher lui remette une carte portant un numéro d'ordre ; en 1841, on établit des surveillans auprès de chaque station ; le numéro de chaque voiture qui arrive ou qui part est pointé sur un carnet ; 104 contrôleurs et agens spéciaux sont, dès cette époque, employés à ce service. De 1830 à 1855, nous avons assisté à la création de bien des voitures nouvelles : citadines, urbaines, delta, cabriolets compteurs, lutéciennes, cabriolets-mylords, thérèses, cabs ; peu à peu le cabriolet jaune, le vieux cabriolet de place qui sautait, mais n'avançait pas, disparaît devant le coupé, devant la petite voiture, comme l'on disait déjà. Je me souviens qu'un cocher de cabriolet me dit un jour : Tous ces coupés, toutes ces voitures modernes, ça ne tiendra pas ; on prend un cabriolet, ce n'est pas pour aller plus vite, c'est pour causer avec le cocher !

En 1855, il y avait à Paris à la disposition du public 4,487 voitures marchant à l'heure et à la course ; elles se divisaient ainsi : 733 coupés ou cabriolets, 2,488 voitures de régie, 913 fiacres, à quatre places et 353 voitures supplémentaires ; ces dernières, facilement reconnaissables à leur numéro peint en blanc, n'auraient dû circuler que le dimanche, les jours de fête, de Longchamps ou de carnaval ; par tolérance, on leur permit vers 1854 de sortir quotidiennement. Ainsi qu'on le voit, tout l'accroissement des voitures de louage avait, depuis 1817, porté, sur celles dites de remise, puisque dans l'espace de trente-huit ans les fiacres ne se sont augmentés que de treize numéros. Cela tient à ce qu'un numéro de fiacre valait 5 ou 6,000 francs ; la préfecture de police, ne voulant point accorder un privilège qui eût constitué une fortune véritable, ne pouvant consentir à le vendre à son profit, refusa systématiquement toute autorisation nouvelle. On a dit souvent que les différens souverains qui se sont succédé en France depuis 1815 avaient parfois, donné à leurs amis ou à leurs serviteurs le droit de créer 100, 200 fiacres, que ce droit, immédiatement transmis à un entrepreneur, leur valait une somme considérable : rien n'est plus faux ; les chiffres que je viens de relever le démontrent avec évidence.

En 1855, on crut, pour assurer le bon fonctionnement d'un service qui devenait plus important de jour en jour, devoir réunir sous une seule direction toutes les voitures de remise ou de place ; ce fut alors qu'on institua lacompagnie impériale des voitures de Paris, qui, moyennant indemnité stipulée, racheta tous les numéros roulans dont les propriétaires consentirent à cette nouvelle combinaison. Cependant la fusion ne fut pas imposée : elle resta facultative ; 1,850 cochers ne voulurent pas profiter des avantages qu'elle offrait et restèrent libres. C'était un monopole qu'on venait de créer, mais il était singulièrement amoindri par les charges qu'il acceptait. En effet, l'autorité municipale contraignit la compagnie à établir ses dépôts en dedans du mur d'enceinte et par conséquent l'assujettit à l'octroi ; de plus elle exigea un accroissement considérable de matériel et de cavalerie. Par suite de l'annexion de la banlieue, les distances se trouvaient au moins doublées, mais le tarif restait le même et tel qu'il était en 1800 ; en outre chaque voiture était frappée d'une taxe fixe de 1 franc par jour pour droit de stationnement [1]. Par suite de ces mesures, il y eut du malaise dans la compagnie ; ce malaise ne fit que s'accroître avec le renchérissement des terrains, des loyers, des denrées, des fourrages, et il aboutit à la grève du mois de juin 1865. Certes les cochers pouvaient suspendre leur travail, délibérer entre eux, faire connaître leurs griefs, tâcher d'obtenir des conditions meilleures et demander qu'on augmentât leur salaire, qui était de 3 francs par jour, non compris les pourboires ; mais ils sortirent violemment de leur droit et se mirent dans leur tort en voulant empêcher la compagnie de les remplacer, de veiller aux intérêts du public et de faire conduire les voitures par des cochers de hasard. Il y eut des injures, des menaces, des horions, des rixes, et la police correctionnelle s'en mêla. Les cochers reprirent le fouet, l'uniforme, le chapeau de cuir, remontèrent sur leur siège, et tout fut dit. L'expérience cependant avait porté ses fruits ; on changea brusquement de régime, et du monopole on passa à la liberté absolue. Le décret du 25 mai 1866 dit expressément : Tout individu a la faculté de mettre en circulation dans Paris des voitures de place ou de remise, destinées au transport des personnes et se louant à l'heure et à la course. La liberté en matière d'entreprise de voitures avait duré trois ans, de 1793 à 1797 ; il faut espérer que la nouvelle période ouverte le 15 juin 1866 vivra plus longtemps.

On compte actuellement à Paris 6,101 voitures de place et de régie [2], auxquelles il faut ajouter 2,950 voitures de grande remise ; ces voitures appartiennent à dix-huit cents entrepreneurs et à la Compagnie générale, qui seule est intéressante à étudier, car elle représente une administration complète, et elle a les rapports les plus fréquens avec le public.

Parmi des loueurs, il y en a beaucoup, plus de huit cents, qui n'ont qu'une voiture et qu'un cheval ; ils échappent aux règlemens des entreprises particulières, mais fort heureusement ils restent soumis à ceux de la préfecture de police. Pas plus que les autres, ils ne peuvent refuser le service légal qu'on est en droit d'exiger d'eux, et ils doivent marcher à toute réquisition. D'après les nouvelles ordonnances, les voitures sont divisées en trois catégories distinctes : 1° les voitures de place proprement dites, qui, moyennant une redevance annuelle de 365 fr., peuvent stationner sur chacun des 158 emplacemens désignés par la police ; elles sont marquées d'un numéro couleur d'or ; 2° les voitures mixtes, qui acquittant la taxe municipale, peuvent séjourner à leur choix sur place ou sous remise ; le numéro en est rouge ; 3° les voitures de régie qui, ne payant aucune taxe, ne peuvent pas charger sur la voie publique et n'ont d'autres stations que leurs remises particulières ; elles sont aussi numérotées en rouge. Le public peut ne faire aucune différence entre elles, mais les agens de police et les surveillans ne s'y trompent pas. En effet, toute voiture de louage porte un timbre rouge aux lettres P. P. (préfecture de police), qui prouve que son numéro est régulier ; mais celles qui ont le droit de demeurer sur les places et qui comme telles acquittent l'impôt municipal, sont poinçonnées des lettres P. S. (préfecture de la Seine). Toute voiture qui n'a pas ces deux lettres près de son numéro et qui stationne sur la voie publique est en contravention.

I

Qui ne se souvient de ce fiacre monumental, de ce sapin, qui cahotait dans Paris aux jours de notre enfance ? On y montait par un marchepied de fer à six étages ; on s'installait tant bien que mal dans la boîte incommode couverte d'un velours d'Utrecht jaune, piquant comme un paquet d'aiguilles ; sous les pieds s'amoncelait une litière de paille qui ressemblait bien à du fumier, sentait le moisi et tenait les pieds humides ; les portières ne fermaient pas ; les vitres étaient cassées et portaient

.... Sur le cristallin une taie en papier.

Le cocher, toujours grognon, vêtu d'un carrick crasseux à sept collets, la tête enfouie sous un lourd bonnet de laine que coiffait un chapeau déformé, les pieds enfoncés dans de larges sabots, escaladait son siège après avoir allumé sa pipe, et il fouaillait ses rosses, qui flottaient dans les harnais, raccommodés avec des ficelles. On partait quelquefois, on n'arrivait pas toujours. Balançant leur tête amaigrie, remuant une queue dénudée, les chevaux s'ébranlaient au tout petit trot, mâchant un brin de foin resté fixé à leurs lèvres pendantes, et faisaient rouler cahin-caha la lourde machine, qui heurtait les pavés pointus avec un bruit de ferraille peu rassurant. Quand on était pressé, il était plus sage d'aller à pied. Si un de ces vieux fiacres qui nous reconduisaient jadis au collège apparaissait tout à coup dans les rues de Paris, il aurait son heure de célébrité, car il représenterait pour les voitures un spécimen antédiluvien des espèces disparues.

Aujourd'hui le fiacre, qu'il soit à deux ou à quatre places, est une voiture bien construite, peu élevée au-dessus du sol, garnie intérieurement de drap bleu, close, légère, attelée de chevaux qui se reposent au moins un jour sur deux, conduite par un cocher uniformément vêtu, portant son numéro sur la caisse et sur les lanternes, lavée et brossée une fois en vingt-quatre heures, et qui offre sinon un grand luxe, du moins un comfortable suffisant. Si l'on rencontre encore par-ci par-là des rôdeurs menant, une voiture écaillée, sale, dont la tenture est déchirée, la caisse bossuée et les harnais déchiquetés, soyez persuadé que ce véhiculé dégradé n'appartient pas à la

Compagnie générale. Cette dernière en effet, malgré la libre concurrence, se regarde encore, et avec raison, comme chargée de subvenir spécialement aux besoins du public parisien ; aussi n'épargne-t-elle point ses efforts pour tenir en bon état un matériel chaque jour usé et détérioré par un service que rien ne ralentit, et qui devient de plus en plus étendu. Son personnel, qui est presque une petite armée, se compose de 6,815 agens de tout rang et de toute fonction [3].Lorsqu'un cocher charge à la place ou sur la voie publique, il doit inscrire sur sa feuille l'heure, le point de départ, le point d'arrivée ; à chaque station, il fait viser ce bulletin par l'inspecteur. Le soir, lorsqu'il rentre au dépôt, il remet entre les mains d'un agent spécial sa feuille et le gain de la journée, après avoir prélevé les 4 francs qui constituent actuellement son salaire quotidien ; puis il va se coucher où il veut, à son domicile, s'il est marié, le plus souvent dans un garni, s'il est célibataire. Les laveurs s'emparent alors de sa voiture, couverte de poussière ou de crotte ; ils l'aspergent à grande eau, la brossent, la fourbissent rapidement et la remisent à son numéro d'ordre ; pendant ce temps, les palefreniers détellent les chevaux, les lavent, les étrillent, les bouchonnent, les attachent au râtelier sur une litière abondante, et les mettent à même de réparer leurs forces épuisées par la fatigue. Le lendemain matin, à l'heure réglementaire, lorsque le cocher arrive, il trouve ses chevaux pansés, nourris, attelés, sous des harnais propres, à une voiture nettoyée. Avant qu'il ne parte, un maréchal ferrant a visité les pieds de ses chevaux ; un charron a examiné avec soin les roues, les ferremens, a frappé sur les essieux, a tâté les écrous de la voiture, et un vitrier a vérifié si les glaces ne sont point cassées. Le cocher va chercher sa feuille, il monte sur son siège et se rend à la station de son choix. Et tous les jours il en est ainsi.

La Compagnie générale construit elle-même ses voitures ; elle achète le bois en grume, le fer en barres, le cuir en tas. Dans ses immenses ateliers de carrosserie, où les scies à vapeur et les marteaux-pilons ne sont jamais en repos, on se hâte, on se presse afin que les voitures mises au rebut soient remplacées sans que le public ait jamais à souffrir de retard ; on tresse les licous, on taille les caparaçons, on rembourre les coussins, on coud les passementeries ; c'est un monde d'ouvriers qui s'agite et pousse annuellement sur le pavé de Paris plus de 500 voitures neuves, estimées en moyenne 1,007 fr. 66 cent. Le chêne, l'érable, l'orme, le sapin et le peuplier sont les essences généralement utilisées par le charronnage et la carrosserie. Quelle est la durée de la vie moyenne d'une de ces voitures surmenées, et qui semblent toujours errantes comme des âmes en peine ? Dix ans au moins, douze ans au plus. Malgré la quantité considérable de voitures qui se meuvent dans Paris, les accidens sont relativement rares et ne sont presque jamais irréparables. En 1866, sur les 4,500 voitures qu'elle possédait, la Compagnie générale en a mis en circulation 3,200, qui ensemble ont fait 1,178,088 journées de travail. On voit que le repos est rare pour les chevaux et les cochers, et que ce n'est pas tout plaisir que d'être à la disposition d'un maître aussi pressé, aussi multiple, aussi exigeant que le public parisien.

Pour conduire tant de voitures, les mettre toujours à même de sortir et de ne pas laisser en souffrance les besoins qu'elles ont mission de servir, il faut une cavalerie considérable ; celle de la Compagnie générale se composait en 1866 de 10,741 chevaux, dont la valeur moyenne varie entre 650 et 800 francs. Chaque voiture a un relais, de sorte que les chevaux se reposent de deux jours l'un ; de plus, comme il faut prévoir les accidens et les maladies, un certain nombre de chevaux est constamment tenu en réserve aux écuries de manière à combler immédiatement les vides qui peuvent se produire. Il faut du temps pour bien dresser un cheval à ce métier pénible d'être toujours dehors, de manger à des heures irrégulières, de trotter sur le pavé par le soleil, la pluie, la poussière et la neige, de rester à moitié endormi debout dans les brancards. On procède lentement, par fatigues successives, - un quart de journée d'abord, puis une demie, puis un peu plus et enfin la journée entière de sept heures du matin à minuit. On nourrit les chevaux avec un grand soin, car c'est l'intérêt de la Compagnie de leur donner le plus de forces possible. En 1866, les fourrages consommés ont représenté la somme de 9,113,750 fr. 88 cent., c'est-à-dire près de 25,000 fr. par jour, - 7 fr. 64 cent. par voiture et 2 fr. 42 cent. par ration. On ne ménage ni le foin, ni l'avoine ; on va jusqu'à l'orge, jusqu'aux féveroles, et l'on ne recule même pas devant l'emploi des carottes, dont les chevaux sont très friands.

Il faut remiser toutes ces voitures et loger cette cavalerie considérable : aussi la compagnie possède-t-elle dans Paris même 173,600 mètres de terrain, sur lesquels elle a fait construire dix-neuf dépôts, qui représentent une valeur de plus de 13 millions de francs ; elle est en outre locataire dans différens quartiers de huit vastes bâtimens appropriés à ses besoins, et dont les baux annuels sont de 138,281 francs. De plus elle loue dans les rues centrales et commerçantes 30 stations de remise qu'elle paie 111,160 fr. par an. Si à cela on ajoute que la redevance municipale, l'octroi, les contributions de toute sorte, montent à la somme de 2,146,266 fr., on comprendra que la Compagnie générale est accablée par des charges très lourdes, et qu'il lui faut recevoir le prix de bien des heures, de bien des courses de voiture pour faire face à tant d'obligations. Ses bénéfices sont toujours aléatoires et soumis aux variations souvent excessives du prix des fourrages. En 1864, les fourrages ont été bon marché ; chaque voiture, coûtant 13 fr. 42 c. par jour et ayant rapporté 14 fr. 55, il y eut un gain de 1 fr. 13 cent. ; mais en 1865, les fourrages ayant été très chers, la dépense a été de 15 fr. 27 cent. La recette, il est vrai, s'est élevée à 14 fr. 67 cent. ; la différence n'en constitue pas moins une perte sèche et quotidienne de 60 centimes. C'est peu que 60 centimes, mais l'année a 365 jours, l'exploitation a 3,200 voitures, et le total arrive à la sommes considérable de 700,800 francs. Ce sont là des inconvéniens graves que nulle prévision humaine ne saurait empêcher de se produire. Peut-être la compagnie arriverait-elle à en diminuer l'importance, - maintenant qu'elle n'est plus soumise aux mesures restrictives qui contrebalançaient la valeur de son monopole, - en transportant ses dépôts hors des fortifications et en économisant ainsi les 600,000 fr. qu'elle paie annuellement à l'octroi ; mais il lui faudrait alors acquérir de nouveaux terrains, vendre ceux qu'elle possède, opérer par conséquent un remaniement complet dans son administration, dans ses façons d'agir, et placer ses remises et ses écuries bien loin des centres populeux qu'elle doit desservir.

Non contente d'offrir au public les fiacres et les voitures qu'on appelait autrefois de régie, la Compagnie générale, appréciant les besoins variés du monde parisien, a créé des voitures dites de grande remise, ce sont celles qu'on loue à l'année, au mois ou à la journée, sans tarif fixe, à prix débattu. Elle a compris que ce dépôt particulier et tout à fait spécial devait être placé dans un quartier très riche, très fréquenté, en un mot dans le quartier de l'oisiveté et du luxe ; elle a fait construire cet établissement rue Basse-du-Rempart ; il est curieux et unique, je crois, en son genre. Deux étages d'écuries superposées contiennent environ 260 chevaux carrossiers d'une valeur moyenne de 1,400 francs ; les cloisons des stalles sont mobiles, peuvent se détacher subitement à l'aide d'une simple sauterelle, et permettent ainsi d'éviter les accidens fréquens dans les écuries lorsqu'un cheval trop vif, se défendant ou mal attaché, enjambe le bat-flanc de son box. Ces écuries immenses, fournies d'eau à chaque1 extrémité, balayées avec soin, où les cuivres reluisent comme sur un vaisseau de ligne, où le foin abonde, où la litière est haute, n'ont rien à envier aux belles écuries d'Angleterre. Elles sont alimentées par d'énormes greniers d'où le foin botteléé s'échappe par un soupirail et d'où l'avoine s'écoule toute l'année à l'aide d'un tuyau nettoyé par un double courant d'air. Non loin s'ouvre l'infirmerie, qu'un vétérinaire à demeure visite plusieurs fois par jour. Les deux étages d'écuries aboutissent de plain-pied, par une pente douce, dans une cour de 920 mètres carrés couverte d'un vitrage, et qu'anime le mouvement des cochers sifflant et chantant. C'est là en effet la remise proprement dite et l'atelier de lavage. On n'y ménage pas l'eau, ni le tripoli pour le cuivre, ni le blanc d'Espagne pour le plaqué, ni le cirage pour les harnais. Derrière ce vaste hangar vitré s'arrondit une petite cour, où souffle la forge, où les maréchaux visitent et ferrent les chevaux.

Au premier étage s'étendent les magasins, d'où les voitures sont descendues à l'aide d'un treuil puissant, facile à manœuvrer. Dans de larges salles sont rangés les carrosses, ainsi qu'on eût dit autrefois : calèches à huit ressorts, berlines, coupés Dorsay, landaws, sont pressés les uns contre les autres, tout luisans de vernis et prêts à aller briller aux Champs-Elysées. A côté, la sellerie renferme les harnachemens. C'est là que l'on vient choisir sa voiture, quand on veut se donner ce luxe sans en avoir l'embarras. On habille le cocher au goût le plus nouveau, on lui fait au besoin une livrée spéciale que l'on peut broder sur chaque couture. Tout se paie, spécialement la vanité ; sur les panneaux, on peint toutes les armoiries, toutes les couronnes imaginables. Une calèche à huit ressorts, attelée de ses deux chevaux assortis, se loue 1,200 francs par mois, plus 150 francs pour le cocher ; si l'on veut un valet de pied, c'est 6 francs par jour ; un chasseur coûte plus cher à cause des épaulettes, du baudrier et du chapeau à plumes. Si l'on est de si grande maison qu'il faille des gens poudrés, rien n'est plus simple. Il y a un cabinet de toilette spécial où on les enfarine avec élégance ; les jours de course, on les coiffe d'un catogan pour en faire des postillons ; au frontal des chevaux on ajoute des queues de renard, on leur attache des grelots, au cou, et le public naïf admire votre équipage. Grande remise que tout cela, tant par mois et quelquefois tant par heure ! - Un employé me disait : Nous faisons toutes les noces huppées ! Je le crois sans peine. Pour ces sortes de cérémonies, l'administration fournit jusqu'aux bouquets de fleurs virginales qui décorent la boutonnière des cochers. On transporte les ministres, les ambassadeurs, les riches étrangers de passage à Paris ; en un mot, on sert le luxe, et le grand comfortable.

Comme on l'imagine, les dépôts des voitures de place n'ont pas cette luxueuse installation ; ils sont curieux cependant, car ils répondent à tous les besoins qui peuvent se présenter ; il faut en effet être prêt à parer à toute éventualité et n'être jamais pris au dépourvu. Sauf des détails peu importans, les dépôts se ressemblent singulièrement, et celui de l'avenue Ségur donnera au lecteur une idée générale de l'organisation de tous les autres. Une immense cour est occupée sur chacun de ses quatre côtés par un bâtiment composé d'un rez-de-chaussée et d'un étage en brisis ; en bas sont les écuries ; en haut sont les greniers. Au milieu de la cour s'élève un hangar en bois soutenu par des piliers et séparé en trois larges avenues, c'est la remise ; c'est là que dans un ordre réglementaire sont rangées les voitures lorsqu'elles ont terminé le service journalier. Des pigeons, des poules picorent les grains d'avoine tombés des musettes, et paraissent vivre en assez bonne intelligence avec quelques chats et quelques chiens terriers chargés de faire la chasse aux rats. Un vaste abreuvoir demi-circulaire donne l'eau en abondance pour les chevaux et pour les besoins du service. L'infirmerie et la forge occupent un des coins de la cour. Chaque cheval acquis par la compagnie après essai est marqué au sabot d'un chiffre qui constate son identité ; puis on établit son état civil sur unefiche, on inscrit son âge, son signalement, son prix, ses qualités, ses tares, la date de son entrée au service, le nom du vendeur. Les petits chevaux venaient autrefois en grande partie de la Bretagne, mais cette province est épuisée ; on les tire maintenant de Normandie, les environs de Cherbourg produisent une race solide et fort estimée ; les gros chevaux arrivent du Perche et du Limousin.

Ce n'est point une œuvre facile que de recruter la cavalerie de la Compagnie générale, et c'est avec raison, qu'un homme spécial a pu dire : Il faut, pour le service de Paris, des chevaux de race énergique, habitués aux privations et à la misère. Dans de bonnes conditions de nourriture, de logement et de santé, un cheval de fiacre dure de trois à cinq ans ; au bout de ce temps-là, il prend généralement le triste chemin de l'équarrissage.

Après avoir traversé une autre cour plus petite et côtoyée également par une double écurie, on pénètre dans de larges ateliers où l'on répare les voitures endommagées par accident ou par usure. Là on les repeint, on les capitonne, on remet le rais brisé, l'écrou perdu, le brancard éclaté, le marchepied faussé ; c'est à la fois l'hôpital et le cabinet de toilette des fiacres. Sur une planche fixée au mur, j'ai vu une vingtaine de bouteilles d'eau écarlate destinée à dégraisser le drap des coussins et des tentures. La Compagnie générale fait ce qu'elle peut pour n'offrir au public que des voitures propres et convenables ; elle n'y réussit pas toujours, mais ce n'est point sa faute ; ce qui lui manque, c'est le temps, sans lequel rien de bon ne peut se faire.

Au-delà de ces ateliers, s'ouvre une longue cour qu'on nomme plaisamment la Sorbonne des cochers. C'est là en effet qu'ils passent leurs examens, qu'ils prouvent s'ils sont aptes à conduire une voiture. La seule constatation de leur habileté ne suffit pas ; il faut qu'ils connaissent Paris, ce Paris multiple, enchevêtré, dont les rues changent de nom tous les huit jours, où Thésée se perdrait malgré le fil d'Ariane. On interroge le postulant. Soyez certain qu'on ne lui demande pas la route à suivre pour aller de la place de la Concorde à l'Arc-de-Triomphe ; mais on lui dira : Par quel chemin irez-vous de l'impasse Saint-Sabin à la rue de l'Épée-de-Bois ? Si le candidat répond mal, il n'obtient pas son diplôme ; mais, dès qu'il a passé un examen suffisant, il est nommé cocher adjoint ; il a payé 25 francs pour prix des leçons de dressage qu'on lui a données, il dépose un cautionnement de 200 francs pour garantir le paiement de ses futures amendes, il monte sur son siège, entre en circulation, et au bout de six mois, s'il n'a pas trop accroché, n'a pas trop injurié les passans, ni trop volé l'administration, ne s'est pas trop grisé, ne s'est pas trop battu avec ses camarades, n'a pas trop gardé pour lui ce qu'on avait oublié dans sa voiture, n'a pas eu trop de démêlés avec la police, il devient cocher titulaire.

La Compagnie générale a deux ateliers de construction, l'un situé rue Stanislas, l'autre rue du Chemin-Vert. Nous visiterons le premier, qui couvre une étendue de 15,000 mètres de terrain. Les matières y arrivent à l'état brut, elles en sortent sous forme de fiacres, de coupés, de victorias, de voitures de grande remise. Les bâtimens sont divisés en deux parties bien distinctes : les magasins et les ateliers proprement dits. Les magasins renferment en quantité considérable tout ce qui est nécessaire à l'attirail complet d'une voiture : draps pour tentures, cuirs pour capotes, poignées pour portières, passementeries pour embrasses, mérinos rouge pour stores, paillassons pour garnir le fond des voitures, boutons de faïence pour faire mouvoir la sonnette d'appel, musettes et couvertures pour les chevaux, bottes de fouets, paquets de crins ; tout est rangé, étiqueté et ne sort du magasin que sur un bon signe du chef d'atelier. Plus loin sont empilés les ressorts, les essieux, les cercles de moyeux, les écrous, les clous, les vis, les lanternes, les crochets d'italienne, les boucles de harnais, les mors, les marchepieds, tous de dimensions réglementaires et en rapport mathématique, avec chacune des espèces de voiture que fabrique la compagnie. Dans des greniers longs et étroits qui font le tour de la maison, on a disposé dans un ordre parfait tous les morceaux de bois ouvrés qui entrent dans la construction des voitures. Les essences sont différentes selon les parties : la carcasse est en frêne, les brancards en chêne ou en noyer, les panneaux en orme, la doublure de l'impériale de tôle est en sapin. Chaque catégorie de voitures a sa chambre particulière : ici, le trois-quarts (c'est le nom administratif du fiacre), là le coupé, plus loin la Victoria. Chaque voiture représente un nombre, de caisers égal au nombre de pièces qui la composent ; le fiacre à quatre places en compte cent soixante-trois parfaitement distinctes les unes des autres.

Au-dessous de ces larges magasins si bien approvisionnés s'étendent les ateliers de carrosserie et de charronnage ; c'est là qu'on assemble les pièces de menuiserie, qu'on les ferre, qu'on les couvre, qu'on les peint et qu'on les vernit, pendant que dans une salle voisine les bourreliers tirent l'aiguille, taillent le cuir et bourrent les colliers à grand renfort de filasse. C'est une activité merveilleuse ; les voitures naissent et grandissent à vue d'œil. J'ai pu voir là ces trois cents paniers reluisans, coquets, tout battant-neuf, qu'on a mis récemment en circulation. On s'ingénie sans relâche à deviner et à satisfaire les goûts du public.

Dans une autre partie de l'établissement, en face, dans la même rue, gronde une machine forte de vingt chevaux qui fait mouvoir les forges et la scierie. Les martinets, les tours, les forets, les meules, obéissent à la vapeur, qui enfle aussi les soufflets et fait fonctionner le ventilateur ; c'est là qu'on coude les cols de cygne, qu'on assemble les ressorts, qu'on bat les essieux, dont on tourne les fusées selon un calibre voulu. Les ouvriers, noircis, en sueur, protégés par le large tablier de cuir, vont et viennent à travers ces fournaises retentissantes où jaillissent les étincelles, où les enclumes résonnent en cadence sous le choc assuré des frappe-devant. A ce bruit se mêle celui de la scierie mécanique, qui est voisine. Les pièces de bois, les troncs d'arbres, amenés à l'aide d'un petit chemin de fer et livrés aux dents aiguës, sont dépecés, débités, taillés avec une rapidité vertigineuse ; le ronflement précipité de la scie à rubans est dominé par le cri horrible de la scie circulaire, qui ne laisse même pas entendre le va-et-vient de la scie à mouvement alternatif : c'est une rumeur folle où les notes aiguës éclatent avec une violence extraordinaire et troublent comme l'appel désespéré d'un animal féroce. Dans les cours sont rangés les troncs d'arbres qui attendent que le temps liés ait suffisamment desséchés ; ils sont déjà sciés en planches qu'on empile l'une sur l'autre en les séparant par un tasseau afin que la libre circulation de l'air puisse en activer la dessiccation.

Quand une voiture est sortie des ateliers de la rue Stanislas, elle n'y rentre jamais que pour être cassée [4]. Toutes les réparations dont elle peut avoir besoin pendant le cours de son existence doivent être faites au dépôt qui lui est assigné. Lorsqu'elle a reçu son numéro et ses timbres administratifs, la Compagnie générale lui ouvre un compte sur lequel on porte avec soin toutes les dégradations qu'elle subit et l'usure régulière, qui est calculée à 50 centimes par jour de travail ; une voiture perd donc en moyenne 180 francs par an. En dehors des réparations urgentes et nécessitées par les accidens particuliers qui peuvent l'atteindre, elle a droit réglementairement à deux peintures par année. Lorsqu'à force de rouler sur le pavé de Paris, de suivre les noces, les enterremens, de faire le tour du bois de Boulogne, d'attendre à la porte des ministères, des hôtels et des cabarets, elle arrive à la fin de sa carrière, elle est renvoyée aux ateliers d'où elle est sortie jadis toute fraîche et pimpante. On la casse (c'est le mot technique), on la dépèce ; on remet les ferrures à la forge, on essaie d'utiliser les vieux bois, puis du reste de sa défroque on fait un paquet que l'on vend à quelque juif qui saura bien encore tirer parti de ces épaves décrépites.

II

Jusqu'à présent, je n'ai parlé que du matériel de la Compagnie générale ; il est temps de s'occuper de son personnel, c'est-à-dire des cochers. Ils forment au milieu de la population parisienne une classe distincte, généralement peu estimée et souvent difficile à manier. L'habitude de marcher à toute réquisition vers un but toujours différent et qu'ils ne choisissent jamais aurait dû les façonner à une sorte d'obéissance passive. Il n'en est rien. Le cocher de fiacre est un révolté toujours en lutte contre son administration, qu'il essaie de tromper, contre la préfecture de police, qu'il maudit tout en respectant son pouvoir. C'est un monde à part composé de toute espèce d'élémens. Les provinces où il se recrute principalement sont la Lorraine, la Normandie, l'Auvergne et la Savoie ; cette dernière fournit les meilleurs sujets, j'entends les plus soumis et les moins ivrognes. Les cochers peuvent se diviser en trois catégories ; les bons sujets, qui aiment leur métier, qui ont la passion des chevaux, cherchent à amasser un petit pécule pour devenir à leur tour propriétaires d'une voiture attelée, connaissent le code multiple des contraventions et des délits, évitent les punitions disciplinaires, et sont parfois récompensés pour leur probité. Les ivrognes viennent ensuite ; la passion du vin les entraine ; entre chaque course, ils s'arrêtent au cabaret et boivent uncanon ; à ce métier-là, la raison ne résisté pas longtemps, et si l'habitude de conduire n'était devenue pour eux une seconde nature, tout accident serait à redouter ; à moins que l'ivresse ne les égare et ne les pousse à la brutalité, ils ne sont point mauvais ; ils se repentent volontiers, mais ils recommencent le lendemain tout en jurant qu'on ne les y reprendra plus. Ceux-là aussi aiment et soignent leurs chevaux ; un vieux proverbe plein de vérité court dans les écuries : cheval d'ivrogne n'est jamais maigre. Les derniers, on les appelle les bohêmes. Ceux-là sont récalcitrans et parfois dangereux ; leur fouet est l'argument qu'ils emploient de préférence ; de punition en punition, ils en arrivent à l'exclusion du service ; la police correctionnelle les connaît, et souvent même la cour d'assises. Ce sont les déclassés, les paresseux, les incorrigibles, épaves incommodes que toute civilisation rejette sur ses bords. Ce qui les a amenés à faire un métier pour lequel ils n'ont aucune aptitude, c'est l'horreur du travail, le dégoût de la vie régulière, l'effroi de toute contrainte ; ils se sont imaginés qu'une fois sur leur siège, au grand air, s'arrêtant de ci et de là pour étrangler un perroquet, comme ils disent dans leur argot, c'est-à-dire pour boire un verre d'absinthe, ils seraient libres, ou du moins auraient l'illusion de la liberté : erreur profonde dont ils ne tardent pas à revenir, qui leur cause un dépit amer et les jette parfois dans des rébellions insensées. Pour ceux-là, le cheval peut crever, la voiture être défoncée, que leur importe ? à leurs yeux, les agens sont des mouchards, le directeur un tyran, le surveillant une canaille. Toute révolte leur paraît permise, et le bourgeois serait pour eux une proie facile, si la préfecture de police ne les tenait sous sa main de fer. Ils connaissent bien le chemin de la fourrière et du violon ; leur montre est souvent au mont-de-piété, leur paie est toujours dépensée d'avance, ils vivent d'emprunts qu'ils ne remboursent jamais. On en a vu qui dételaient leur voiture, l'abandonnaient au hasard sur la voie publique, vendaient le cheval à vil prix et s'en allaient vers les barrières mal famées épuiser en orgies le produit de leur vol. On les jette en cour d'assises, on les interroge : pourquoi avez-vous vendu un cheval qui ne vous appartenait pas ? - Ah ! voilà ; çà me disait d'aller faire la noce.

Où se ramasse ce personnel à faces innombrables qui compose à Paris les cochers de voitures de louage ? Partout ; il n'existe peut-être pas une seule classe de la société qui n'y ait fourni quelques sujets : beaucoup de cochers particuliers se trouvant sans place, des gens de campagne venus pour tenter la fortune de la grande ville et n'ayant point réussi, d'anciens soldats du train, des garçons de café, des perruquiers, des porteurs d'eau, des huissiers ruinés, des maîtres d'étude chassés de leur collège, des clercs de notaire congédiés, des photographes en faillite ; enfin, je n'oserais le dire, si je n'en étais certain, il existe aujourd'hui sur le siège d'un fiacre le fils d'un ambassadeur de France. Rien ne serait plus instructif et plus étrange que de dépouiller le dossier des cochers de Paris, on découvrirait là des mystères sociaux ; que l'imagination la plus féconde ne saurait se figurer.

A propos d'un procès célèbre, on a beaucoup parlé, il y a quelques années, des cochers de fiacre ; on a imaginé des statistiques baroques, et l'on a publié que plus de 700 prêtres interdits ou défroqués appartenaient au service des voitures publiques. Cette prétendue découverte eut du retentissement ; le parlement anglais s'en occupa incidemment, et des explications furent demandées à la préfecture de police. Comme toujours l'esprit de parti s'était mêlé de cette affaire et l'avait singulièrement exagérée. Il y a des prêtres réfractaires parmi les cochers parisiens, ceci n'est point douteux, mais ils sont en nombre infime, et je puis affirmer en connaissance de cause que depuis douze ans un seul s'est présenté pour demander son inscription de cocher. En revanche, les bacheliers ès lettres abondent, et du haut de leur siège ils peuvent dire en se rappelant un vieux souvenir de collège :

Quadrupedante putrem sonitu quatit ungula campum.

Les cochers ont un vice qui leur est spécial ; ils paraissent pour la plupart n'avoir sur le droit de propriété que des notions peu distinctes et tout à fait insuffisantes. Je ne veux pas dire par là qu'ils détroussent les passans et crochètent les serrures ; non, mais en général ils considèrent volontiers la caisse de leur administration comme une caisse commune à laquelle il n'est point criminel de puiser de temps en temps. Les calculs les plus modérés, estiment que chaque cocher détourne en moyenne 3 francs par jour ; or il y a à Paris 6,101 voitures de louage payées à la course ou à l'heure. Les cochers s'attribuent donc par an la somme de 6,680,595 francs ; c'est presque un budget. On a essayé de bien des moyens pour arrêter cette fraude permanente, on a toujours échoué. La préfecture de police, la préfecture de la Seine, la Compagnie générale, ont proposé un prix important pour l'inventeur d'un compteur infaillible qui serait à l'abri du cocher et du client. On n'a point réussi jusqu'à présent. Le problème en effet n'est point facile à résoudre. Il faudrait que l'appareil indiquât d'une façon positive l'espace parcouru, le temps employé à le parcourir, les momens de repos, la vitesse du cheval, enfin si la voiture a été louée à l'heure ou à la course. On cherche, on fait des essais ; mais en admettant qu'on découvre le chef-d'œuvre rêvé, je ne, donne pas huit jours aux cochers pour l'avoir rendu aussi menteur, que leur feuille de travail. Qui ne se souvient de ces fameux cabriolets-compteurs dont le cadran indicateur passait pour une merveille ? Ils n'ont pas duré deux mois. Pour contrôler la probité des cochers, la préfecture de police et la Compagnie générale ont imaginé divers moyens qui approchent du but, mais qui ne l'atteignent pas.

A chacune des 158 places disséminées dans Paris, un surveillant est attaché ; de cinq minutes en cinq minutes, il doit inscrire le numéro des voitures qui sont à la station, veiller à ce que les deux cochers qui sont en tête ne donnent pas à manger à leurs chevaux et à ce qu'ils ne les quittent pas sans permission. Dès qu'un fiacre s'éloigne, on note sur un carnet l'heure exacte de son départ, comme déjà l'on a écrit le moment de son arrivée. Par la comparaison du carnet des surveillans et de la feuille tenue par le cocher lui-même, on a déjà un point de repère pour vérifier les erreurs. Cette organisation, qui est excellente et qui a déjà rendu de grands services à la population parisienne, appartient à la préfecture de police. De son côté, la Compagnie générale a des inspecteurs mobiles qui visitent les stations, relèvent les numéros qui s'y trouvent, parcourent les rues, visent la feuille des cochers arrêtés aux portes, prennent note de ceux qu'ils voient charger sur la voie publique, interrogent parfois les personnes qui quittent les voitures et font chaque soir un rapport sur les observations qu'ils ont recueillies dans la journée. C'est un troisième moyen de contrôle ; mais il en est un quatrième que les cochers redoutent singulièrement, car ils en ignorent le mécanisme. La Compagnie générale a une police secrète parfaitement installée, fonctionnant régulièrement, qui forme une véritable administration, dont le siège est situé dans un des quartiers élégans de Paris. Les agens de cette surveillance occulte se mettent en rapport avec les personnes que leurs fonctions obligent à prendre souvent des voitures. Moyennant des conventions que l'on peut soupçonner [5], ces personnes remettent à l'agence secrète la carte des voitures qu'elles ont employées, après avoir eu soin d'y écrire le nombre exact d'heures et de minutes qu'elles ont payées. Ces cartes, adressées à la Compagnie générale, sont mises en regard de la feuille des cochers ; si une erreur est constatée, si un préjudice a été faite à la compagnie, l'agent secret reçoit 7 francs pour prix de sa délation, et le cocher est frappé d'une amende qui peut varier de 20 à 100 francs. Le procédé est ingénieux, les cochers le soupçonnent, mais comment reconnaître ces surveillans discrets qui se laissent, toujours ignorer et n'ont point souci d'avouer l'étrange métier qu'ils font [6] ?

Le produit des amendes est versé à la caisse de la société de secours mutuels et de prévoyance formée entre les cochers et les divers employés ; cette caisse est alimentée en outre par des cotisations mensuelles, par des souscriptions et par une subvention de la compagnie, qui n'épargne rien pour se défendre contre l'âpreté des cochers et pour essayer de les moraliser par le bien-être et l'économie. Les grosses amendes ne sont appliquées que pour vol ; les peccadilles, les insolences, les refus momentanés de service, sont punis par des amendes de 1 à 20 fr. La mise à pied, c'est-à-dire l'interdiction de travailler, est la dernière mesure à laquelle se résout la compagnie, et seulement lorsqu'elle est dans le cas de sévir contre un cocher grossier envers un voyageur. Les cochers redoutent les sévérités de leur administration ; mais ce qu'ils redoutent bien plus encore, c'est la préfecture de police, la curieuse, comme ils l'appellent. En effet elle est leur autorité souveraine, c'est le premier et le dernier ressort de leur juridiction disciplinaire.

Un service spécial est consacré aux voitures de louage, je l'ai étudié en détail, et je ne puis dire avec quelle admiration j'ai vu ce fonctionnement à la fois si simple et si compliqué. Tout semble avoir été prévu ; rien n'est négligé pour assurer le roulement régulier des voitures dans Paris et pour rendre les cochers des serviteurs, non pas dévoués, c'est impossible, mais du moins polis et obéissans. Nul ne peut exercer le métier de cocher de voiture publique sans y être autorisé par la préfecture de police. Une demande ad hoc accompagnée de pièces constatant l'identité du candidat doit être remise dans les bureaux. Une enquête est immédiatement ouverte sur le postulant ; on écrit dans les pays où il a séjourné, aux différens patrons qu'il a pu servir, aux propriétaires des maisons qu'il a habitées, et, selon les renseignemens que l'on a obtenus, on lui refuse ou on lui accorde l'autorisation qu'il sollicite. Lorsque sa moralité paraît suffisante et qu'il est admis au nombre des cochers, on lui donne un numéro qui n'a rien de commun avec celui des voitures [7], et on forme son dossier. Une chemise de fort papier administratif contient toutes les pièces qui concernent le cocher. Elle est naturellement composée de quatre pages ; sur la première, on écrit le nom du cocher, son numéro, la date de son inscription ; puis cette première page et la seconde portent l'intitulé : relevé des mises à pied, divisé en quatre colonnes : 1° numéros d'ordre, 2° date des décisions, 3° durée des punitions, 4° analyses des plaintes ; la troisième page est partagée en deux : relevé des rapports non suivis de punition, relevé des sommiers judiciaires, la quatrième est réservée aux antécédens, - favorables, - défavorables, de sorte qu'au premier coup d'œil on voit à qui l'on a affaire et qu'on peut prononcer en connaissance de cause.

Toute plainte adressée à la police contre un cocher est suivie d'effet. Si la plainte a été écrite sur le registre spécial qui est déposé dans chacune des 158 stations de Paris, elle est copiée ? par le surveillant et envoyée, par lui au chef de bureau ; si la plainte a été adressée directement au préfet, elle est immédiatement transmise au même chef de bureau, qui connaît son nombreux personnel de façon à ne se jamais laisser tromper. Une instruction est faite par le contrôleur de la fourrière, le cocher inculpé est appelé ; s'il y a doute, on le met en présence du plaignant afin qu'il y ait débat contradictoire ; le contrôleur fait le rapport, analyse brièvement sur une formule imprimée les faits qui sont à la charge et à la décharge du cocher, et propose, selon sa conviction, la mesure qu'il juge convenable d'appliquer ; puis le tout est retourné au chef de bureau, qui, revoyant de nouveau l'affaire, pesant les considérations qui militent pour ou contre le cocher, prononce sans appel. Le plaignant est alors prévenu par une lettre officielle de la décision que la préfecture de police a prise. La peine est toujours une mise à pied plus ou moins longue ; jamais on n'inflige d'amendes : au profit de qui seraient-elles versées ? Cependant, lorsque tous les ans la préfecture de police récompense les cochers qui ont montré de la probité, c'est dans sa propre caisse qu'elle prend les 1,500 francs qu'elle leur distribue. Quand un cocher est devenu absolument incorrigible, que les observations, les punitions, les réprimandes, les menaces, les encouragemens, s'émoussent sur lui, on le renvoie et on lui retire le droit de conduire les voitures de louage. L'exclusion n'est jamais prononcée que par le préfet de police lui-même sur le rapport minutieusement motivé du chef de bureau spécial qui en a conféré avec le chef de division. Le samedi, on réunit à la préfecture de police toutes Les condamnations disciplinaires prononcées pendant la semaine, on les signale le lundi à la brigade de sergens de ville spécialement chargée de la surveillance des voitures [8], et la mise à pied commence réglementairement le mardi. Les réclamations des voyageurs sont nombreuses, 180 par mois environ, dont 60 au moins sont suivies de punitions ; l'année 1866 a été exceptionnelle, car elle n'a produit que : 1,754 plaintes.

Autrefois, lorsqu'un cocher avait surtaxé un voyageur et qu'on en acquérait la preuve, il était mis à pied et de plus il devait se transporter de sa personne chez le plaignant, lui faire des excuses, lui remettre la somme en trop qu'il avait exigée et rapporter à la préfecture de police le reçu qui constatait sa restitution. Cette méthode offrait plus de danger qu'on ne pensait, on en fit la dure expérience. Le 16 septembre 1855, le directeur de l'école normale de Douai, M. Juge, accompagné de sa femme, prit sur la place de la Concorde la voiture du cocher Collignon, et se fit conduire au bois de Boulogne. Le cocher exigea du voyageur plus qu'il ne lui était dû. M. Juge adressa une plainte à la préfecture de police dès le lendemain. Le 22 septembre, Collignon, appelé à la fourrière, reçut l'ordre d'aller reporter à M. Juge la somme qui constituait la surtaxe. En sortant de la fourrière, Collignon acheta des pistolets ; il vendit son mobilier le 24, et se rendit rue d'Enfer 83, chez M. Juge. La discussion fut des plus calmes, mais pendant que M. Juge signait le reçu, Collignon lui tira un coup de pistolet à bout portant et lui fit sauter la cervelle ; Mme Juge s'étant précipitée pour soutenir son mari, l'assassin la visa, fit feu et la manqua ; puis il ouvrit la porte, et se sauvait dans les escaliers lorsqu'il fut arrêté par Proudhon. Il comparut le 12 novembre devant la cour d'assises et fut condamné à mort. Il ne montra aucun repentir ni pendant les débats, ni en prison, ni à la dernière heure. Il mourut impassible sur l'échafaud le 6 décembre. Depuis cet événement, on a adopté un autre système de restitution. La somme exigée en sus du prix légitimement dû est déposée à la préfecture de police, qui fait écrire au voyageur lésé qu'il ait à venir la retirer, sinon au bout d'une année écoulée elle est envoyée au bureau de bienfaisance.

Les cochers sont tenus de montrer leurs papiers à toute réquisition des agens de l'autorité ; ceux-ci sont en outre chargés de faire conduire à la fourrière les voitures abandonnées sur la voie publique, ou dont les cochers sont dans un tel état d'ivresse qu'il serait dangereux de les laisser circuler plus longtemps. La fourrière joue un assez grand rôle dans la vie des fiacres pour qu'il soit bon de la faire connaître. Elle est située rue de Pontoise, à deux pas du marché aux veaux, dont elle est séparée par le boulevard Saint-Germain. C'est un bâtiment triste à voir, surmonté d'un vieux drapeau fané qui flotte au-dessus de la porte charretière. Une petite maison contient le logement et les bureaux du contrôleur ; dans l'antichambre, deux gardes municipaux sont de planton, toujours prêts à prêter main-forte en cas de besoin ; c'est là que souvent on appelle les plaignans et les cochers. Lorsqu'une confrontation est devenue nécessaire, ai-je besoin de dire que de minutieuses précautions sont prises pour isoler les deux parties tout en les faisant communiquer ? La cour est un immense hangar accosté d'un chenil et d'une écurie. On y fait, au prix de 70 centimes, le numérotage officiel des voitures de place, et l'on y entasse aussi toutes les épaves trouvées dans les rues de Paris ou les gros objets vendus en contravention. Les charrettes à bras y sont en grand nombre et aussi les boites à lait que les crémiers déposent aux portes le matin et que des plaisans s'amusent à déplacer ; un agent de police les trouve et les expédie à la fourrière. Il y a de tout dans cette morgue des choses inanimées, un mobilier, abandonné dans un déménagement furtif, une harpe enlevée sans doute à quelque pauvre petit virtuose non autorisé, deux ou trois vieux coupés trouvés sur les boulevards extérieurs, des échelles, des tonneaux vides ; j'y ai vu un tableau d'histoire qu'on avait trouvé la veille à minuit dans la rue de Clichy. Si au bout d'un an ces objets ne sont pas réclamés, on en fait ce que l'on nomme livraison au domaine. A côté s'ouvre le chenil ; il est bruyant et plein. Chaque chien a sa niche spéciale, très aérée, avec plancher en pente et une bonne nourriture. Tous les huit jours, le domaine les vend, quand ils en valent la peine et qu'ils n'ont pas été réclamés, sinon ils sont remis à l'équarrisseur, qui les pend. La fourrière reçoit en moyenne 900 chiens par mois, dont 600 sont condamnés à mort. Jadis il suffisait d'avoir un chien perdu à rechercher pour entrer au chenil et faire son choix. Le métier de voleur de chiens est lucratif, et bien des gens l'exercent. Pour le bien faire, il faut être deux. Un des acolytes visite la fourrière, prend le signalement d'un beau chien et s'en va. Quelques heures après, l'autre arrive et demande si l'on n'a pas un chien de telle rote et de tel poil. On lui remet, en échange du prix de la nourriture, le chien désigné, qu'il va vendre au plus tôt. On exigeait, il est vrai, un certificat d'un commissaire de police et l'affirmation écrite de deux témoins ; mais de telles Pièces n'étaient point difficiles à obtenir et n'offraient point une garantie sérieuse. Aussi, pour sauvegarder les intérêts des ayant-droit, pour éviter de laisser ce genre de commerce s'étendre, on ne peut aujourd'hui parcourir le chenil qu'après avoir inscrit sur un registre son nom, son adresse et les signes caractéristiques du chien que l'on réclame. La précaution est excellente, et permet de découvrir les vrais propriétaires des chiens égarés.

L'écurie est voisine ; trois ou quatre pauvres rosses y mangent le foin amer de la captivité ; leurs voitures saisies sont sous le hangar ; où sont les cochers ? Au violon sans doute pour tapage nocturne, ivresse ou rébellion. Tout animal vaguant est conduit en fourrière. L'an dernier, n'y a-t-on pas amené un troupeau de bœufs qui se promenait la nuit dans l'avenue de l'Impératrice pendant que son conducteur ronflait sous la table d'un cabaret ? De la fourrière dépendent les inspecteurs des voitures et celui des chevaux. Un agent spécial est chargé de constater sur les places et sous les remises quels sont les chevaux dont l'apparence misérable indique qu'ils ne peuvent plus faire leur service. Le cocher ou l'entrepreneur est alors appelé à la fourrière, et il est sommé d'avoir à remplacer par un autre qui soit moins invalide le cheval condamné. Deux agens inspectent les voitures ; ils doivent les visiter, s'assurer qu'elles n'offrent aucun danger pour le public ; celles que la vieillesse où le malheur a rendues trop hideuses sont exclues de la circulation. Je suis persuadé que ces deux derniers agens remplissent leur mission avec zèle ; mais, à voir les horribles pataches que mènent certains rôdeurs, on pourrait en douter.

La fourrière n'est pas le seul local où l'on dépose les épaves ; il en est un autre spécialement destiné à recevoir les objets oubliés dans les voitures de louage ; il est situé à la préfecture de police même et ne chôme guère : c'est un va-et-vient perpétuel. D'après les règlemens, tout cocher doit, sous peine de contravention, visiter sa voiture lorsqu'un voyageur en descend et déposer à la préfecture les objets qu'il a pu y trouver. Chacun de ces objets, quel qu'il soit, est inscrit sur un registre, porte un numéro d'ordre particulier, plus le numéro de la voiture où il a été laissé, et est rangé dans un casier qui est le contraire du tonneau des Danaïdes, car il se remplit toujours et ne se vide jamais. J'y ai vu bien des parapluies, bien des manchons, bien des sacs, bien des lorgnettes, et un portefeuille qui renfermait 6,500 francs. Si l'objet déposé contient une indication quelconque qui permette de reconnaître le propriétaire, on écrit immédiatement a ce dernier afin de le prévenir. Le bureau des objets trouvés dans les voitures serait vite encombré ; aussi chaque mois il verse au dépôt central tout ce qui n'a pas été légitimement repris. Ce dépôt est curieux : c'est une série de pièces obscures, espèces de caves situées au rez-de-chaussée, et où le gaz doit être incessamment allumé. C'est la catacombe des parapluies, jamais je n'en ai tant vu ; ils sont par bottes, en chantier comme des fagots ; chacun d'eux est muni d'une étiquette indicative. La comptabilité est fort bien tenue et varie selon que les objets ont été trouvés dans des voitures de louage, dans des omnibus, dans des wagons de chemins de fer, dans des hôtels garnis, sur la voie publique, ou qu'ils proviennent de contraventions. Il y a un registre particulièrement affecté aux parapluies. Les restitutions sont en moyenne de 40 pour 100, et cependant le dépôt central garde actuellement 19,636 objets trouvés dans les voitures pendant l'année 1866 et qui n'ont pas encore été réclamés ; sur ce nombre, il faut compter 6,225 parapluies. Tout est enregistré, contrôlé, catalogué. Chaque objet, quel qu'il soit, fût-ce un gant dépareillé, a sa feuille d'entrée, sa place désignée, son bulletin de sortie ou son procès-verbal de livraison au domaine, qui devient propriétaire définitif au bout de trois ans.

Si j'ai réussi à bien faire comprendre avec quelle vigilance minutieuse on s'occupe des voitures de louage à la Compagnie générale et à la préfecture de police, on conviendra que le zèle ne peut guère aller plus loin ; tout est fait pour assurer ce grand service auquel la population parisienne est accoutumée maintenant, qui n'est pas plus parfait que les autres choses humaines, mais qui s'améliore chaque jour en raison directe de l'expérience et de la bonne volonté de ceux qui le dirigent. Mes contemporains, j'entends ceux dont les souvenirs d'enfance remontent à plus de trente ans, peuvent être frappés comme moi des progrès remarquables que le service des voitures de place a faits à Paris. Ces progrès, il serait ingrat de ne pas les reconnaître et injuste de ne pas les signaler.

III

Dans une fourmilière comme Paris, toujours agitée, où les minutes valent des heures, où les distances sont souvent excessives, le seul service des voitures de louage marchant à la course et à l'heure ne pouvait suffire. Il est naturel qu'on ait pensé à mettre à la disposition du public des voitures qui, faisant le transport en commun, et suivant des itinéraires déterminés, pouvaient offrir le double avantage de la rapidité et du bon marché. C'est de cette idée que naquirent les omnibus. Elle n'est point nouvelle, car elle fut appliquée à Paris dans la seconde moitié du XVIIe siècle. Pascal, l'auteur desProvinciales, inventa les carrosses à cinq sols, qui furent solennellement inaugurés le 18 mars 1662.

L'établissement des carrosses
Tirés par des chevaux non rosses,
Mais qui pourront à l'avenir
Par le travail le devenir,
A commencé d'aujourd'hui même.
....
Le dix-huit de mars nostre veine
D'écrire cecy prit la peine.

C'est Loret qui le dit dans sa Muse historique, et on peut le croire. La bibliothèque de l'Arsenal possède une lettre de Gilberte Pascal avec post-scriptum de son frère, qui relate le même fait [9]. Les routes furent fixées de par le roy ; les cochers étaient vêtus aux couleurs de la ville de Paris, et les voitures étaient distinguées par un plus ou moins grand nombre de fleurs de lis, comme aujourd'hui elles sont distinguées par des numéros. Il y eut trois lignes parcourues chacune par sept carrosses. La première, commençant à la porte Saint-Antoine, aboutissait au Luxembourg ; la seconde partait de la place Royale et s'arrêtait rue Saint-Honoré, auprès de Saint-Roch ; la troisième allait du Luxembourg à la pointe Saint-Eustache. Le privilège de ces voitures avait été accordé par Louis XIV au duc de Roannez et aux marquis de Sourches et de Crénan ; il est dit dans l'ordonnance, qui porte la date du 7 février 1662, qu'il leur est donné faculté et permission d'establir en nostre dite ville et fauxbourgs de Paris, et autres de notre obéissance, tel nombre de carrosses qu'ils jugeront à propos, et aux lieux qu'ils trouveront le plus commodes, qui partiront à heures réglées pour aller continuellement d'un quartier à un autre, où chacun de ceux qui se trouveront aux dites heures ne paiera que sa place, par un prix modique, comme il est dit cy-dessus. Les premiers carrosses ne contenaient que six personnes : c'était trop peu ; on ne tarda point à s'en apercevoir, et l'on y ajouta deux places de plus. L'usage de ces voitures était presque exclusivement réservé à la bourgeoisie ; quelques gens de noblesse s'y montrèrent parfois, mais le cas parut assez rare pour que les gazettes du temps crussent ne pas devoir le passer sous silence ; quant au peuple, ainsi que l'on disait alors, il en était sévèrement exclu. Ces carrosses circulèrent pendant une quinzaine d'années et disparurent sans laisser de trace.

Il fallut attendre bien des années avant de les retrouver, et ce n'est pas à Paris qu'ils se montrent, c'est à Nantes en 1826. Ils y obtinrent un succès qui engagea l'entrepreneur à demander de les établir à Paris. M. Baudry, qui venait de remettre au jour la vieille invention de Pascal, avait été très compromis dans les affaires du carbonarisme ; M. Delavau, alors préfet de police, vit sans doute un danger politique dans la circulation de voitures destinées à toutes les classes de la société, car il éconduisit M. Baudry, qui s'en alla à Bordeaux installer un service inauguré le 25 octobre 1827. Sur ces entrefaites, M. Debelleyme remplaça M. Delavau. Le nouveau préfet de police avait l'esprit plus libéral et moins timoré que son prédécesseur, car le 30 janvier 1828 il autorisa MM. Baudry, Boitard et Saint-Céran à mettre enfin leur projet à exécution. L'entreprise générale des omnibus fut fondée. Le nom seul est un chef-d'œuvre. Il est à la fois facile à retenir, étrange par son origine exotique, et contient une définition complète. En effet, les nouvelles voitures étaient pour tous, c'est là ce qui devait en assurer le succès et finir par les rendre indispensables à la population. Cent omnibus furent offerts au public. Ils partaient de stations fixes et parcouraient un itinéraire invariable réglé par l'autorité compétente. C'étaient de lourdes voitures dont la forme extérieure rappelait celle des gondoles ; elles contenaient quatorze places ; chaque place coûtait cinq sous ; elles étaient traînées par trois chevaux attelés de front, et le cocher, à l'aide d'une pédale à soufflet placée sous ses pieds et aboutissant à deux trompettes, sonnait des fanfares lugubres pour annoncer son passage.

Ce fut de l'engouement. Les omnibus suffisaient à peine à conduire tous les voyageurs qui se pressaient aux abords des stations. Cependant l'affaire ne réussit pas, elle était chargée de frais trop pesans, auxquels ne répondaient pas les bénéfices. On rétablit l'équilibre en supprimant un cheval, en augmentant de cinq centimes le prix de la course et en construisant des voitures qui, moins larges, mais plus longues, pouvaient contenir deux places de plus et un strapontin supplémentaire. Dès lors la fortune de l'entreprise fut faite, et chacun demanda des concessions nouvelles ; on n'en fut pas avare, et les rues de Paris furent sillonnées du matin au soir par des voitures oubliées aujourd'hui, mais qui firent parler d'elles autrefois. C'étaient les tricycles, qui n'avaient que trois roues, les favorites, les béarnaises, les dames blanches, les dames réunies, les constantines, les batignollaises, les gazelles, les hirondelles, les écossaises, les excellentes, les parisiennes, les citadines, et d'autres certainement, que j'oublie, qui vécurent un jour et n'ont plus reparu. Quelques-unes ont subsisté jusqu'en 1855. A cette époque, on voulut réunir en une seule toutes ces entreprises diverses ; une fusion s'opéra sous le patronage de l'administration municipale, et il n'y eut plus que des omnibus. Un décret du 22 février 1855 reconnaît à la société formée pour cette exploitation le monopole exclusif du transport en commun dans Paris.

En 1855, l'entreprise avait dans Paris 347 voitures, qui ont transporté 36,000,000 de voyageurs ; en 1866, elle en a 664 [10], qui en ont transporté 107,212,074. Si à cette circulation exclusivement parisienne on ajoute celle de la banlieue (3,430,252) et celle des omnibus sur rails (1,401,474), on arrive au total énorme de 111,743,800 voyageurs pour une seule année. Ce chiffre, mieux que toutes les démonstrations, prouve l'importance réellement générale d'un pareil service. S'il venait à manquer tout à coup, ce serait un désastre, et le Parisien ne saurait plus que devenir. En effet, quel chemin resterait chaque jour à parcourir, si l'on n'avait plus ces larges voitures hospitalières qui font, dans notre capitale, un trajet annuel de 21,971,928 kilomètres ! Quant au bénéfice que la compagnie retire d'un tel transport, il semble assez minime : 1 centime 28/100 par voyageur en 1866.

Depuis l'installation de 1828, les omnibus ont reçu des améliorations notables et dont il faut parler : les voitures sont plus commodes, les chevaux sont meilleurs, les conducteurs plus polis. Ceci n'est point douteux et a été remarqué par tout le monde ; mais les besoins du public ont été mieux servis, grâce à deux mesures dues à l'initiative de M. Moreau-Chaslon, qui, dès 1830, a pris la direction de l'entreprise et l'a toujours conduite avec un esprit pratique très remarquable. Dans le principe, les lignes étaient fort courtes et par conséquent fort chères. Ainsi celle des boulevards était divisée en deux ; de la Madeleine à la porte Saint-Martin, de la porte Saint-Martin à la Bastille. Aujourd'hui ces deux points extrêmes sont réunis par un seul et même trajet ; mais cela ne parut pas suffisant, et on établit les correspondances, c'est-à-dire que pour le prix de la place une fois payé, on a le droit de prendre deux voitures, de faire deux courses et de passer d'une ligne sur une autre, C'est ainsi que pour se rendre de Bercy à la porte Maillot, il n'en coûte que 30 centimes [11] ; il est difficile de franchir de telles distances à meilleur marché. Sur le nombre de voyageurs transportés par les omnibus de Paris pendant l'année 1866, 17,331,217 ont profité du bénéfice des correspondances. Cette amélioration date de 1834 ; il en est une autre plus récente (1853) qui a permis d'augmenter singulièrement les facilités de transport. Douze places à 15 centimes ont été établies sur l'impériale des voitures et offrent ainsi aux ouvriers, aux fumeurs, aux jeunes gens un moyen fort économique de voyager. Le public a répondu avec empressement aux avances de l'administration, et tout le monde y a trouvé son compte, car en 1866 la banquette d'impériale des omnibus de Paris a reçu 42,590,517 personnes. Cette modification a nécessité un changement dans la construction des voitures ; on les a raccourcies de façon qu'elles ne puissent plus contenir que 14 personnes à l'intérieur. Un omnibus complet porte donc aujourd'hui 26 voyageurs [12], plus le conducteur et le cocher. Or 28 personnes représentent en moyenne 1,960 kilogrammes, la voiture en pèse 1,700 ; c'est donc un poids de 7,320 livres que les chevaux ont à déplacer, à faire mouvoir et circuler à travers les mille obstacles qui encombrent leur route. Aussi l'on comprend que l'administration des omnibus veille avec un soin tout particulier sur ses chevaux, qui sont généralement d'une vigueur et d'une beauté exceptionnelles.

Sa cavalerie, composée actuellement de 9,656 animaux, provient de Normandie, du Perche, des Ardennes et de Bretagne ; ils sont tous abondamment nourris, car le prix de chaque ration revient à 2 francs 59 centimes. Les omnibus n'emploient guère que des chevaux entiers ; s'ils offrent quelques difficultés pour le dressage, ils les compensent largement par leur force et leur entrain prolongé. L'administration des haras fait cependant de grands efforts pour propager l'usage des chevaux hongres. A-t-elle raison, a-t-elle tort ? Je ne saurais le dire, il y a là une question d'hippiatrique pour laquelle je décline toute compétence ; mais le but poursuivi me paraît facile à déterminer. On veut sans doute, en cas de guerre, avoir sous la main une remonte toute faite de chevaux très bien dressés, accoutumés à un service pénible, pour l'attelage de l'artillerie et du train : c'est assez bien imaginé ; l'entreprise générale, qui n'a encore que 7 ou 800 chevaux hongres dans ses écuries, est seule apte à juger quelle conduite elle doit tenir en face des exigences de son service et des besoins du public.

L'entreprise a distribué ses écuries, ses remises et ses magasins dans quarante-quatre dépôts, dont vingt-six lui appartiennent et représentent une superficie de 138,857 mètres de terrain, couverts par 68,766 mètres de constructions. Tous sont tenus avec un ordre et une discipline qui ne se laissent point surprendre en faute. Depuis les plus anciens, comme celui de la barrière Blanche, jusqu'aux nouveaux, comme celui du faubourg Saint-Martin, qui est un dépôt modèle à deux étages d'écuries superposées, ils peuvent être offerts en exemple de ce qu'une exploitation de cette espèce, lorsqu'elle est bien dirigée, révèle de soins, d'intelligence, de régularité et d'économie. Chaque dépôt est sous la surveillance d'un chef accosté d'un ou de deux piqueurs ; il a la haute main sur les conducteurs, les cochers, les palefreniers, les charrons, les laveurs, les maréchaux ferrans, les lampistes, et peut les punir disciplinairement. Chaque matin, il envoie à l'administration centrale un rapport détaillé sur le personnel, la cavalerie et les fourrages ; chaque conducteur lui remet le soir la recette de la journée et sa feuille de travail. Le dépôt a son infirmerie, visitée chaque jour par un vétérinaire ; quant au service médical pour les hommes, il est organisé de telle sorte qu'une consultation quotidienne est donnée dans un dépôt de chaque quartier et que les malades sont soignés à domicile par les médecins de l'entreprise générale. C'est entre six et sept heures du matin qu'il faut visiter ces larges cours, où les poules se promènent en caquetant et en cherchant pâture [13]. Les chevaux de service achèvent de manger l'avoine ; on les harnache après les avoir frottés d'un dernier coup d'étrille et de brosse, on les détache, on leur donne une claque sur les reins en disant hue ! Ils traversent l'écurie l'un derrière l'autre, s'en vont lentement par la cour, et viennent se placer devant la voiture qu'ils ont l'habitude de conduire, tranquillement, avec cette résignation intelligente qui est si admirable chez les animaux. Pendant qu'on les attelle, le cocher arrive, fouet en main, il monte sur son siège ; le conducteur va prendre sa feuille ; sept heures sonnent, il s'élance sur le marchepied, la lourde voiture s'ébranle et commence sa tournée, qui finira à neuf heures du soir ; celles qui sortent à neuf heures du matin ne rentrent qu'à minuit.

Les écuries sont larges et contiennent vingt chevaux en moyenne, ce qu'on appelle deux voitures. Chaque omnibus a en effet dix chevaux attachés à son service spécial. Ils marchent tous les jours et se répartissent en cinq relais. C'est là une excellente organisation, qui ménage les chevaux, les habitue à un travail régulier, et permet de donner à l'allure une vitesse relativement considérable. Chaque collier ne parcourt en moyenne que 16 kilomètres par jour ; de cette façon, on a sans cesse des chevaux frais, leur santé n'est pas compromise par des fatigues excessives, et ils ont leur nourriture à des heures réglées ; aussi n'est-il pas rare de voir dans les dépôts des chevaux de quinze ans pouvant encore faire un excellent service. On les soulage en cas de besoin, et toutes les fois que sur leur parcours se rencontre une pente trop raide (il y en a trente et une à Paris), on leur adjoint un cheval de renfort. A moins d'accidens ou de maladie, ce sont toujours les deux mêmes chevaux qui sont attelés en même temps au même omnibus, sous le même cocher. A l'écurie ; ils ne se quittent pas, ils sont réunis dans un seulbox devant une mangeoire unique divisée en deux augettes. Grâce à ce système, - dont l'adoption prouve à quel point l'on s'est préoccupé de ce que j'appellerai prétentieusement le bien-être moral des animaux, - un attelage est un tout complet, intelligent, se connaissant parfaitement, où la corrélation des animaux entre eux et du cocher aux animaux existe en permanence. Ceux qui, dans nos rues populeuses, sur nos boulevards encombrés, ont été souvent émerveillés de l'inconcevable docilité des chevaux d'omnibus, qui s'arrêtent, repartent, évitent les chocs, et semblent, tant ils dépensent d'adresse, avoir une âme prévoyante et un raisonnement subtil, savent maintenant le secret de leur intelligence extraordinaire. En les accouplant selon leurs aptitudes et leur tempérament, en ne les séparant pas du compagnon auquel ils sont habitués, en les laissant sous la même main dont ils connaissent la moindre inflexion, on les a sociabilisés.

L'entreprise générale fabrique ses voitures d'après un type imposé par la préfecture de la Seine ; ses ateliers sont situés à La Chapelle-Saint-Denis et sont fournis de tous les instrumens que la science moderne offre à l'industrie. Un omnibus prêt à être attelé et pouvant contenir vingt-huit personnes revient à 3,500 francs (non compris les frais généraux d'atelier) ; à ce prix, une voiture est construite avec des matériaux de premier choix et par des ouvriers d'élite. Le droit de stationnement perçu par la caisse municipale est de1 million pour les 500 premières voitures et de 1,000 francs par voiture excédant le nombre de 500 : aussi l'entreprise a-t-elle payé 1,958,000 francs d'impôts en 1866. Les fourrages, achetés en quantités assez considérables pour dépasser tous les besoins prévus, sont répartis dans chacun des dépôts, qui sont munis de greniers aérés où l'avoine est retournée au moins trois fois par mois afin d'éviter toute mauvaise chance de fermentation.

Le personnel actif de l'entreprise générale n'est peut-être pas parfait, mais il est d'une moralité extrême, si on le compare à celui des fiacres. Les registres de la préfecture de police en font foi ; les plaintes portées contre les cochers et les conducteurs d'omnibus sont rares en regard de celles qui atteignent les cochers de voitures à la course. Sur soixante réclamations adressées contre les omnibus, il y en a environ cinquante-sept qui frappent les cochers, auxquels on reproche de ne pas s'être arrêtés au signal qu'on leur faisait, d'avoir été grossiers, d'avoir menacé quelqu'un à l'aide du fouet ; les trois autres ont pour objet les conducteurs, qu'on accuse parfois d'un excès de vivacité dans le langage ou d'un peu trop de galanterie dans les gestes. Ce ne sont là que des peccadilles, et, sauf de rares exceptions, tout ce personnel, qui a été sévèrement choisi, se conduit avec assez de régularité. L'entreprise générale surveille ses agens avec beaucoup d'activité ; elle sait que l'homme est essentiellement faillible, et elle lui impose une série de mesures préservatrices qui force sa probité à ne jamais dévier. C'est surtout à l'égard des conducteurs, qui chaque jour ont en main une recette moyenne de 83 fr. 04 c, que les précautions sont accumulées. A chaque voyageur montant en omnibus, le conducteur doit sonner un des deux cadrans qui indiquent le nombre de places occupées dans l'intérieur ou sur l'impériale ; toutes les fois qu'il s'arrête à l'une des cent vingt stations de l'entreprise, il doit faire viser sa feuille par le contrôleur, qui constate d'un coup d'œil le nombre de personnes présentes dans la voiture [14]. De plus, il existe une inspection secrète dont j'ignore le mécanisme ; mais je crois que ce personnel occulte est nombreux, car il a coûté 42,732 fr. en 1866. On peut donc affirmer que, contrairement à la Compagnie générale des voitures de Paris, l'entreprise des omnibus est très peu volée. Les sommes détournées par les conducteurs sont insignifiantes, et à défaut de documens même approximatifs il serait imprudent de vouloir en fixer le chiffre.

Si l'entreprise générale est peu volée, en revanche on vole beaucoup dans les omnibus ; ces grandes boîtes longues, mouvantes et secouées, où l'attention est sollicitée par le bruit et par le spectacle des rues que l'on traverse, où l'on est forcément tassé l'un contre l'autre, sont un excellent terrain de chasse pour les pick-pockets. Il est un genre de vol spécialement pratiqué dans les omnibus, et qui doit être raconté avec quelques détails. Pour bien l'exécuter, il faut une grande sûreté de coup d'œil et de mouvement. Le voleur, en montant dans la voiture, choisit la place qui lui paraît la plus propice ; il feint ordinairement d'être absorbé par ses préoccupations ; il est immobile, mais entre l'index et le pouce il tient un grain de plomb fixé à un fil de soie noire très mince et très résistant. Quand son voisin ouvre son porte-monnaie pour payer le prix de sa place, au moment précis où il va le refermer, le voleur y lance son grain de plomb, puis, selon l'expression maritime, il laisse filer le grelin. Le porte-monnaie refermé est remis dans la poche, mais, grâce au grain de plomb, il tient au fil de soie, dont l'autre extrémité est restée roulée au doigt du voleur. Celui-ci tire, avec légèreté, ou, s'il sent une résistance quelconque, il profite d'un cahot, d'un arrêt trop brusque des chevaux, pour se laisser tomber vivement sur son voisin, il s'excuse de sa maladresse, mais un coup sec a amené le porte-monnaie dans sa main. Il fait signe au conducteur, on arrête, il salue poliment à droite et à gauche, il descend, et tout est dit.

On oublie dans les omnibus presqu'autant que dans les fiacres, et les cuisinières qui le matin reviennent de la halle y laissent volontiers des volailles, du poisson et des bottes de radis. L'entreprise générale recueille avec soin tous les objets perdus dans ses voitures, les rend lorsqu'ils sont réclamés, ou sinon les remet au dépôt de la préfecture de police. En 1866, 18,158 objets ont été trouvés dans les omnibus ; 5,905 ont été restitués directement ; 12,253 ont été envoyés à la préfecture. Sur ces objets, il y avait en monnaie d'or, d'argent ou de papier une valeur de 95,040 fr. Les conducteurs ont pendant la même année, reçu 4,249 fr. 50 c,. de récompense pour fait de probité.

Le service des omnibus comprend trente et une lignes qui, se rencontrant en correspondance à leurs points d'intersection, sillonnent absolument tout Paris. Ces lignes sont loin d'avoir toutes la même importance, et c'est là peut-être que le monopole accordé à l'entreprise générale est fort utile à la population. En effet, par le cahier des charges imposé, les omnibus ne sont pas libres de choisir leur itinéraire ; au lieu d'avoir, comme à Londres, la faculté d'augmenter leur prix à volonté, de se grouper dans les zones du centre et de négliger les faubourgs isolés, ils sont forcés d'avoir un tarif invariablement uniforme et de traverser des quartiers pauvres, souvent peu productifs, où leur présence est plus utile au public qu'à eux-mêmes. Cette mesure est irréprochable, car elle produit de bons résultats pour tout le monde. Les omnibus compensent leurs pertes particulières par leurs bénéfices généraux, et tous les habitans de Paris peuvent les prendre auprès de leur demeure. Les deux lignes les plus suivies sont celles de la Madeleine à la Bastille et de l'Odéon à Batignolles ; les deux qu'on fréquente le moins sont celle de Charonne à la place d'Italie et de Passy au Palais-Royal [15]. Selon la saison, les omnibus sont plus ou moins occupés ; cependant la différence n'est pas considérable. Si le mois de février, qui contient moins de jours que les autres, est invariablement le moins chargé, les mois d'été, juin et juillet, subissent une augmentation qui s'explique facilement par la beauté du temps et la longueur des journées. La semaine elle-même subit des variations singulières et qui prouvent combien les vieilles superstitions sont enracinées chez les peuples catholiques. Si le dimanche est le jour du repos, du plaisir et de la promenade, le vendredi semble être le jour de la retraite. Les omnibus ne chôment certes pas, mais leur recette baisse d'une façon notable. Le vendredi est néfaste, et bien des personnes n'oseraient rien entreprendre sous son influence. C'était autrefois le jour heureux par excellence, le jour fécond, le jour consacré à Vénus ; dans les pratiques de la kabbale, il représente encore le commencement de la période ascendante ; les musulmans l'ont adopté ; le catholicisme l'a maudit, ou peu s'en faut, car c'est lui qui a vu le supplice du Golgotha ; il y a bien des pays où l'on jure encore par le péché du vendredi ! Les chevaux d'omnibus ne s'en plaignent pas, car leur charge est moins lourde[16].

Les cochers et les conducteurs d'omnibus sont, comme les cochers de fiacres, soumis à la double autorité de leur administration et de la préfecture de police ; les peines disciplinaires sont les mêmes, l'amende, la mise à pied et l'exclusion. Ils gagnent quatre francs par jour pendant la première année de service et cinq francs au bout de trois ans ; une mesure récente, inspirée par le haut prix des denrées alimentaires, vient d'accorder à chacun des agens subalternes de l'entreprise une indemnité de pain de dix centimes par jour. C'est un bon état, facile, régulier, sans morte-saison, et qui profite de tous les avantages que l'administration offre à ses employés : soins gratuits de médecin, vêtemens au prix coûtant [17], caisse de retraite, caisse de secours. Aussi les demandes d'admission sont nombreuses, et il ne se passe pas d'année que le secrétariat de l'entreprise n'en ait douze ou quinze cents à enregistrer. On est difficile pour les cochers, et l'on a raison. Il faut une habileté spéciale pour conduire adroitement ces lourdes voitures dans les rues de Paris, où l'obstacle renaît sans cesse, où l'embarras se multiplie de minute en minute. Cependant l'omnibus a une telle ampleur que les autres voitures l'évitent avec soin et se rangent promptement à son approche. Dans les rencontres les plus violentes, il est rarement ébranlé, mole sua stat. Toute voiture, coupé, calèche, cabriolet, pirouette à son choc, il n'y a que les fardiers qui lui résistent : aussi il les respecte et leur cède sans discussion le haut du pavé. Les accidens causés par les omnibus sont relativement assez rares ; on a calculé qu'il s'en produisait un pour 4,800 kilomètres parcourus, et j'appelle accident tout ce qui peut donner lieu à un rapport, une vitre brisée aussi bien qu'une voiture défoncée, un essieu tordu aussi bien qu'un homme écrasé ; en somme, les accidens frappant les personnes et pouvant entraîner une incapacité de travail sont de un par jour ; ceux qui atteignent les voitures et qui méritent d'être signalés sont au nombre de deux.

Il fut un temps où les omnibus subissaient eux-mêmes des accidens graves et souvent irréparables. C'était dans les jours d'émeute. L'omnibus qui pouvait, sain et sauf, regagner son dépôt avait été favorisé du ciel ; à tous les coins de rues, les insurgés le guettaient ; on se jetait à la tête des chevaux, on les arrêtait, on faisait descendre les voyageurs, on laissait au cocher le temps de dételer ; puis la voiture, en deux coups d'épaule, était jetée bas, les roues en l'air ; on l'assurait de quelques pavés, on la flanquait de deux ou trois tonneaux remplis de sable ; au sommet du timon redressé comme un mât, on arborait un drapeau, et la barricade était faite. L'omnibus devenait ainsi un instrument de désordre ou de victoire, selon les péripéties de la journée. L'année 1848 a coûté cher à la compagnie, qui s'en souvient encore avec une certaine amertume.

La mission de transporter à peu de frais la population n'est pas la seule qu'ait acceptée l'entreprise générale. Son cahier des charges lui impose une condition onéreuse. Elle doit en hiver concourir à l'enlèvement des neigea et mettre gratuitement à la disposition des ingénieurs du service municipal cinquante tombereaux par jour, attelés de deux forts chevaux guidés par un conducteur ou un charretier [18]. De plus, l'octroi appuie sur elle une main pesante, car tous ses dépôts, sauf ceux de Courbevoie, de Vincennes et de la barrière de Fontainebleau, doivent être situés dans l'intérieur de Paris ; c'est un lourd impôt quand on consomme par an pour plusieurs millions de fourrages ; la taxe annuelle de l'octroi représente une dépense de près de 600,000 francs à raison de 60 francs par cheval.

La Compagnie générale des voitures et l'entreprise des omnibus sont aujourd'hui deux organes essentiels de la vie de Paris ; elles représentent la locomotion rapide et facile. Ces deux services, entourés par l'autorité de toutes les garanties désirables, améliorés chaque jour par les efforts incessans des administrateurs, sont devenus pour les Parisiens un objet de première nécessités A toute heure, quelque temps qu'il fasse, nous trouvons à notre disposition ces moyens de transport qui épargnent nos heures, notre fatigue et aident singulièrement aux transactions de toute espèce. Paris sans voitures serait paralysé, ne pourrait plus se mouvoir, et elles sont assez nombreuses pour subvenir à tous les besoins, à toutes les fantaisies. le temps est loin où Henri IV écrivait à Sully : Je ne pourrai aller vous voir aujourd'hui, ma femme m'a pris mon coche. Cependant, lorsqu'un fait exceptionnel amène à Paris un surcroît d'étrangers en déterminant vers un point excentrique une affluence extraordinaire, les moyens de transport sont insuffisans et ne répondent plus à l'exigence démesurée des besoins. C'est en vain que la Compagnie générale jette sa réserve sur le pavé, que l'entreprise des omnibus invente des voitures spéciales, que les bateaux à vapeur sillonnent la Seine, et que les chemins de fer ouvrent leurs wagons au public : les véhicules manquent ! La population se plaint avec amertume, sans réfléchir que des administrations régulières et définitives ne peuvent faire face à toutes les éventalités qu'amènent des circonstances transitoires et anormales. C'est ce qui se passe aujourd'hui à propos de l'exposition universelle. Le nombre des voitures n'est plus en rapport avec les nécessités du moment. Selon l'usage français, on accuse l'autorité de négligence. Il me semble cependant qu'elle a fait tout ce qui lui était possible, tout ce qui ne dépassait pas la juste limite de ses droits. L'administration municipale a autorisé le service des mouches, qui par la voie du fleuve peuvent transporter journellement 10,000 voyageurs ; sous la même impulsion, les omnibus, modifiant leurs itinéraires et leurs stationnemens, dirigent vers l'exposition 169 voitures qui font 2,420 voyages quotidiens, et peuvent recevoir 73,816 personnes ; de plus le chemin de fer met au service du public 30 trains contenant 36,000 places. A cela, il faut ajouter les 6,101 voitures ordinaires, et en admettant que chacune d'elles, chargeant trois personnes en moyenne, fasse une seule course au Champ-de-Mars, nous aurons 18,303 voyageurs qui en pourront profiter. On le voit, il y a des moyens de transport organisés pour 138,119 personnes par jour, ce qui serait suffisant, si tout le monde ne voulait pas arriver et partir aux mêmes heures. Ce ne sont cependant pas les voitures qui manquent à Paris, car certains boulevards, certaines rues sont tellement encombrés par les véhicules de toute sorte, qu'il est parfois imprudent et souvent dangereux d'essayer de les traverser. Que serait-ce donc si, comme quelques inventeurs trop hardis le proposent, on appliquait la vapeur à la traction des voitures sur nos voies macadamisées ! Paris deviendrait inhabitable et infranchissable ; j'aime mieux ce modeste entrepreneur qui, faisant un retour vers le passé, va nous offrir bientôt cinq cents chaises à bras, avec galant uniforme pour les porteurs et dorures sur les panneaux. La concurrence ne sera pas redoutable pour les fiacres et les omnibus. Ce sera bien lent, ce sera bien chaud pour traverser notre ville immense ; mais le soir ce sera commode pour aller en soirée de porte en porte, et lorsqu'il tombera de l'eau, nos jeunes marquis de Mascarille pourront sortir sans exposer l'embonpoint de leurs plumes aux intempéries de la saison pluvieuse.

MAXIME DU CAMP

NOTES

1. Décret du 16 août 1855.

2. Sur ce nombre, 5,131 ont droit de stationner sur la voie publique.

3. En rémunérant, je ferai facilement comprendre le mécanisme de cette grande administration. Employés dans les bureaux, 160 ; - surveillans, 160 ; - ouvriers d'atelier, 900 ; - maréchaux, 180 ; - laveurs, 900 ; - graisseurs, 200 ; - palefreniers, 500 ; - cochers, 3,925.

4. Le fiacre neuf sortant des ateliers pèse 575 kilogrammes ; il peut contenir quatre personnes, plus le cocher, à 70 kilogrammes en moyenne. Les chevaux, lorsque la voiture est au complet, ont donc un poids de 925 kilogrammes à mettre en mouvement.

5. Voici la copie de la circulaire envoyée par l'agence secrète : Monsieur, pour chaque voiture faisant partie des séries de numéros ci-dessous indiqués, prise à l'heure et occupée une heure quinze minutes au moins, il sera remboursé 1 fr. 25 cent. pour les voitures prises en station, 1 fr. 50 cent, pour celles prises en raccroc, si on remplit le bulletin ci-joint d'après les indications qui y sont portées, et si dans les vingt-quatre heures on le fait parvenir sous enveloppe affranchie à l'adresse ci-dessous. Quant aux voitures prises à la course, il sera traité de gré à gré. Les remboursemens se feront du 15 au 20 de chaque mois, rue X..., et du 27 au 30 au domicile de la personne qui aura employé la voiture. Suivent la signature, les numéros des voitures, le tarif et un bulletin formulé indiquant les heures et le prix du travail.

6. En 1866, la Compagnie générale a payé 220,552 fr. 35 cent, pour frais de surveillance ; sur cette somme, l'agence secrète a reçu plus de 50,000 fr. Les amendes dont les cochers ont été frappés se sont, pour la même année, élevées au chiffre de 139,210 fr. 95 centimes.

7. En dix ans, du 14 mars 1857 au 14 mars 1867, la préfecture de police a délivré 23,669 numéros de cochers.

8. Cette brigade spéciale est composée de 60 agens sous la direction d'un officier de paix ; en outre les 3,600 sergens de ville disséminés dans Paris ont le droit et le devoir de surveiller les voitures de louage, de vérifier la feuille des cochers, de les mettre en contravention et de les déclarer procès-verbal. Cette surveillance multiple est incessante et s'exerce la nuit aussi bien que le jour.

9. Les Carrosses à cinq sols ou les Omnibus du dix-septième siècle, Monmerqué, Paris, 1828.

10. Dans ce nombre, je ne compte pas les 100 voitures nouvelles que l'entreprise générale met en circulation pendant l'exposition universelle, ni les 58 omnibus qui font le service de la banlieue, ni les 10 (à 50 places) qui vont, sur la voie ferrée, de la place de la Concorde à Boulogne et à Sèvres, en suivant les quais, ni les 11 omnibus de la poste aux lettres, ni les 196 omnibus, grands et petits, appartenant aux chemins de fer. Sur ces derniers, 37, acquittant la taxe municipale, peuvent stationner sur la voie publique. Paris est donc journellement parcouru par 1,139 omnibus.

11. Les militaires paient demi-place dans l'intérieur et place entière sur l'impériale.

12. L'entreprise expérimente aujourd'hui, sur les lignes courtes, planes et faciles de Paris, un nouveau modèle de voiture qui a 14 places sur l'impériale.

13. L'administration autorise le chef de dépôt à avoir une basse-cour composée de trente-cinq à quarante-cinq volailles.

14. La feuille des conducteurs est curieuse et mérite une rapide description. Elle est imprimée et porte : l'indication de la ligne, le nom du dépôt, la date du service, le numéro de la voiture, le nom du conducteur, celui du cocher. Le recto est divisé en colonnes verticales, heures de départ, heures d'arrivée, durée du parcours, numéro des courses. Une division horizontale correspondant aux numéros des courses et portant des chiffres depuis 1 jusqu'à 40 est intitulée visa des voyageurs d'intérieur ; plus loin, avec la même répétition : visa des voyageurs d'impériale. Le verso est consacré auxcorrespondances d'intérieur, correspondances d'impériale, voyageurs montés sur l'impériale pendant le trajet, ou vice versa, militaires montés dans l'intérieur. Chaque division est suivie d'une colonne réservée au total particulier. Une dernière colonne, désignée sous le nom de récapitulation, indique le nombre de voyageurs transportés, les sommes reçues dans la journée, et les observations. J'ai sous les yeux la feuille de travail du 6 juillet 1866, ligne de la Madeleine à la Bastille ; l'omnibus a fait vingt voyages ; la moyenne de la durée des courses a été de 30 minutes, il y a eu 474 voyageurs, et la recette a été de 105 fr. 45 centimes. la feuille porte 138 poinçons de visa et 145 chiffres, écrits à la main par les contrôleurs de station, ce qui donne un peu plus de 10 contrôles par voyage. Toute précaution semble donc prise pour éviter les fraudes et les détournemens.

15. En 1868, la ligne de la Madeleine à la Bastille a encaissé : 1,741,076 fr. 80 cent., celle de l'Odéon à BatignoHes, 1,047,230 fr. 27 cent. En revanche, la ligne de Charonne à la barrière d'Italie a produit 344,262 fr. 24 cent., et celle de Passy au Palais-Royal 368,915 fr. 43 cent. La moyenne de la recette brute des trente et une lignes a été de 641,561 fr. 77 centimes. Chaque ligne a transporté en moyenne 447 voyageurs par jour.

16. En prenant le nombre total des voyageurs transportés pendant le mois de Juillet 1866, on trouve pour le vendredi 202,902, et en moyenne pour chacun des six autres jours 317,065 : c'est une différence nette de 24,163 personnes.

17. En 1868, l'atelier spécial de l'entreprise à livré au personnel 8,886 pièces d'habillement, représentant une valeur de 148,255 fr. 85 cent. Voici le prix auquel les cochers et les conducteurs peuvent se vêtir en s'adressant à l'administration : pantalon de drap, 20 fr. ; de coutil, 7 fr. ; veste de conducteur, 37 fr. 40 ; de cocher, 30 fr. ; veste fourrée, 50 fr. ; gilet, 9 fr. ; redingote en drap, 42 fr. ; en Orléans, 30 fr. ; caban, 52 fr. ; manteau, 60 francs.

18. Traité passé le 18 juin 1860 entre la ville de Paris et l'entreprise générale des omnibus, art. 4.

www.ingramcontent.com/pod-product-compliance
Lightning Source LLC
Chambersburg PA
CBHW070742180526
45168CB00004B/1509